우주 농부

최정원 글 · 상상주아 그림

㈜자음과모음

차례

🍎 1 기특한 농사, 스마트 팜 6

🍎 2 귀 기울여 봐 17

🍎 3 하늘이 시끌시끌 24

🍎 4 여기까지 모두 스마트 팜 32

🍎 5 똑똑한 농사, 스마트 팜 41

- 🍎 6 우주선에 흐르는 은하수 57
- 🍎 7 우주는 무한한 논밭 65
- 🍎 8 숲과 과수원이 있는 우주 74
- 🍎 9 가자, 드넓은 우주로! 87

작가의 말 93

1
기특한 농사, 스마트 팜

"여긴 어디지? 벽이 온통 싱그러운 푸른 잎으로 뒤덮여 있어."

사시사철 언제든

싱싱한 채소를 얻을 수 있는 똑똑한 밭,

식물 공장인 스마트 팜이야.

퀴즈 하나! 여기서 상추 같은 채소를 1년에 몇 포기나 기를 수 있을 것 같아?

"한 평당 한 100포기쯤 기른다고 생각하면 100평이니까 1만 포기 정도?"

땅에서 짓는 농사랑 생산량이 같다면 스마트 팜이라고 할 수 있겠어? 놀라지 마. 이 식물 공장 한 건물에서 최소한 70만 포기를 생산할 수 있어.

"70만 포기면 대체 얼마나 넓은 밭에서 키워야 하는 거지?"

무려 3천 평. 그러니까 스마트 팜을 통해 지금까지 경작해

우리는 스마트 팜에서 모여 살고 있지!

온 밭보다 30배나 많은 채소를 거두는 셈이지. 그게 어떻게 가능하냐고?

요즘 뉴스를 보면 해마다 농경지가 줄어든다고 걱정을 하지? 그러니 농경지 3천 평에서 재배하던 농작물을 100평짜리 건물에서 재배할 수 있다면 환상적이지 않아?

"그렇지!"

식물이 자라는 데 꼭 필요한 건 무엇이 있을까?

"햇빛, 공기, 물? 그리고 양분?"

모두 맞아. 그중에서도 빛은 꼭 필요해. 그렇다면 실내에서 농사를 지을 때 빛을 어떻게 공급할 수 있을까?

"실내에서 농사를 짓는다고? 비닐하우스처럼? 그런데 실내에서 자란 채소가 땅에서 자란 채소만큼 맛이 있을까?"

당연하지. 스마트 팜을 실제 자연 환경과 비슷하게 만들면 돼.

"그게 가능해?"

그럼. 여기를 한번 둘러봐. 지금은 저녁인데도 대낮처럼 밝지? 인공 조명이 햇빛을 대신하고 있어. 지금은 LED등을 사용하고 있지만, 과학이 훨씬 발달한 미래에는 어마어마하게 넓은 스마트 팜 안에 인공 태양이 있고, 실제 태양과 비슷하게 기능할 거야. 아침이 오면 밝아졌다가 밤이 되면 서서히 어두워지는 **인공 태양**이 실제 태양과 같은 역할을 하는 거지.

"그런데 인공 태양을 정말 만들 수 있어?"

사실 우리는 이미 인공 태양을 활용하고 있어. 모양은 조금씩 다르지만 모든 등은 해를 본떠 만든 인공 태양이라고 할 수 있으니까. 앞으로 기술은 더 발전할 테니 이제 실제 태양과 똑같은 인공 태양이 만들어질 날도 얼마 남지 않았어.

생각보다 빨리 다가오는 것은 기술의 발전만이 아니야. 자연재해도 그렇지. 갈수록 심각해지는 기후 위기 때문에 대재앙의 조짐이 일어나고 있어. 얼마 지나지 않아 홍수가 서너 배 증가하는 등 심각한 기후 위기가 닥칠 거래. 지금도 여름에 장마 때문에 맑은 날이 별로 없는데 이보다도 비가 많이 온다니 정말 대재앙이 닥칠지도 몰라.

지구가 병드는 속도를 당장 멈출 수 없다면 얼마 지나지 않아 봄부터 사막처럼 뜨거운 바람이 불고, 해가 짧아지자마자 빙하기처럼 어둡고 추운 겨울이 오게 돼. 그럼 재배할 수 있는 식물의 종류도 지금보다 줄어들겠지.

미래에는 모든 사람이 인공 태양을 쬐고 식물 공장에서 생산한 채소와 과일을 먹을지도 몰라. 점점 더 스마트 팜과 인공 태양 기능이 중요해지는 이유지.

　지구가 생긴 이래 생물이 모두 사라지는 대멸종 사건은 총 다섯 번이나 있었어. 공룡이 멸종한 이유도 혜성 충돌이 원인이라는 가설이 가장 유명하지만 다른 주장도 많아.

　예를 들어 화산 폭발이나 엄청나게 늘어난 공룡 때문에 오염된 공기로 인해서 빙하기가 왔다는 거야. 추운 날씨 때문에 식물이 자랄 수 없게 되자 초식 공룡이 먼저 죽어 갔고 사냥할 초식 동물이 없어지니 육식 공룡도 굶어 죽었다는 거지.

지구는 그때처럼 다시 병들고 있어. 요즘에는 꿀벌이 사라지고 있대. 꿀벌이 완전히 사라지면 4년 만에 인간도 멸종한다고 주장하는 사람들도 있지. 꿀벌이 없으면 식물이 열매를 맺지 못하게 돼. 그러면 초식 동물, 육식 동물에 이어서 잡식 동물인 인간도 사라지겠지?

많은 사람이 노력하고 있다지만 과연 그 노력의 결과가 빠르게 나타날까? 그러다 보니 지구가 더 병드는 걸 막기 위해 할 수 있는 일이 있다면 빨리 시작해야 해.

살아가는 데 꼭 필요한 식량을 원활하게 생산해야만 인간의 멸종을 막을 수 있어. 우리에게 스마트 팜이 필요한 이유지.

"이상 기후, 홍수나 가뭄에 영향을 받지 않는 안전한 곳에서 먹거리를 길러 낼 방법 중 하나가 스마트 팜이라는 거네?"

물론이야. 스마트 팜에서는 비가 오나 눈이 오나 작물을 수확할 수 있지. 또 한 가지, 자연재해로부터 안전한 농사를 짓기 위해서는 **애그테크**를 발전시켜야 해.

"에그테크? 그런 말은 처음 들어 봐. 에그(egg)가 달걀을 뜻하니까 달걀과 관련이 있는 건가?"

애그테크의 애그는 달걀을 뜻하는 'egg'가 아니고 농업을 뜻하는 애그리컬처(agriculture)의 첫음절인 애그(ag)를 뜻해. 테크는 과학 기술을 뜻하는 테크놀로지(technology)의 첫음절을 딴 거야. 애그테크를 우리말로 번역한다면 '농업 과학 기술'쯤 되겠지?

자, 여기를 한번 둘러봐. 이곳이 바로 농업 과학 기술의 핵심, 스마트 팜이야.

"우아, 멋지다. 그런데 스마트 팜 벽에 달린 저 커다란 스크린은 뭐야? 미래에는 식물이 텔레비전도 보는 건가?"

이건 텔레비전이 아니라 농장의 상태를 한눈에 파악하기 위해 설치한 스크린이야. 스크린을 통해 온도라든가 물이 필요한 정도, 흙에 어떤 영양을 공급해야 하는지 농장의 모든

것을 확인하면서 관리할 수도 있어.

"스크린으로 농장의 상태를 확인할 수는 있겠지만 관리까지 하기는 어려울 것 같은데?"

스마트 팜에서는 가능해. 온도계, 습도계, 흙 속의 영양 상태를 확인하는 기계를 비롯한 모든 장비가 스마트 팜 곳곳에 설치되어 있거든. 모든 장비에 센서를 달아서 측정한 정보를 스크린으로 바로 내보내는 거야.

"어떻게 그런 일이 가능하지?"

사물 인터넷 덕분이지.

"사물 인터넷?"

물건과 물건, 기계와 기계가 소통하는 기술을 말해.

한번 귀 기울여 봐.
기계가 서로 어떤 이야기를
주고받는지!

2
기특한 농사, 스마트 팜

"기계가 서로 이야기를 주고받을 수 있다는 거야?"

그렇지. 사물과 기계는 우리와 다른 방식으로 대화를 나눠. 한 세기 전만 해도 사람들은 동물들이 서로 대화한다는 사실을 믿지 못했지만 지금은 알고 있지? 정보를 주고받거나 생각을 알리는 수단을 언어라고 해. 이렇게 동물과 마찬가지로 기계도 생각과 정보를 주고받는 데 필요한 언어를 갖고 있어.

"기계의 말을 알아들을 수만 있다면 스마트 팜에서 농사짓는 일이 심심하지 않겠는데?"

심심할 틈이 없지. 모든 기계를 관리하며 농사지어야 하

는 스마트 팜의 중앙 컴퓨터는 인터넷을 이용해서 물 공급기, 영양분 공급기, 산소 공급기, 온도 조절기, 그 외에도 수없이 많은 기계와 정보를 주고받으며 대화를 이어 갈 테니까. 그것도 상상을 초월하는 빠른 속도로 말이야.

**사물에 내장된 센서로 인터넷을 연결하고
인터넷 통신으로 정보를 교환하면서
기계가 어떤 일을 할지
스스로 결정한 후 명령하고
실행되도록 하는 것.
이런 게 바로 사물 인터넷이야.**

"우아, 찾았다! 정말 식물이 놓인 모든 선반 앞에 조그만 센서가 설치되어 있네?"

그래. 중앙 컴퓨터는 각 기계에서 받은 자료를 분석하고 종합해서 통제실 화면에 띄우고 농장 주인은 그 화면을 보

고 필요한 조치를 취하면 되는 거야.

"스마트 팜이라는 비교적 좁은 공간에서 많은 양의 식량을 생산할 수 있다지만 인류를 먹여 살릴 만큼 충분할 것 같지는 않은데?"

그러니까 스마트 팜 운영 기술을 더욱 발전시켜야지.

"우아, 나 지금 안개비 같은 분수를 봤어."

이 농장에서는 **에어로포닉스**로 농사를 짓고 있어.

"에어로포닉스? 그게 뭔데?"

재배 면적과 관련한 문제와 물 부족 현상을 해결해 줄 스마트 농법이라고나 할까?

에어로포닉스는 배양액을 흘려보내는 대신 식물 뿌리에 영양액을 분무 형태로 직접 뿌려 주는 농법이야. 그러면 물이 낭비되지 않고 뿌리가 공기 중에 드러나 있으니 산소 부족에 시달릴 이유도 없어.

"저건 양상추인가? 층층이 쌓인 선반에서 자라는 푸른 채소는 또 뭐지?"

양상추뿐만 아니라 케일, 바질, 청경채 등 다양한 채소가 함께 자라고 있어.

"스마트 팜에서 재배할 수 있는 채소의 종류는 정해져 있어?"

요즘 스마트 팜에서는 샐러드용 채소를 많이 키우고 있어. 하지만 시설을 만들고 유지하는 비용이 많이 드는 만큼 값비싼 작물을 키우는 곳도 늘고 있지.

봐, 저 스마트 팜에서 키우는 건 장뇌삼이야. 사람이 씨를

뿌려 키우는 산삼을 장뇌삼이라고 불러. 예전에는 돈 많고 권력 있는 임금이나 양반만 먹을 수 있던 산삼을 이제는 누구나 먹을 수 있는 세상이 된 거야.

**포도, 딸기 같은 과일이나 꽃, 나무처럼
앞으로 스마트 팜에서 키우는
작물의 종류는 무궁무진해질 거야.**

3
하늘이 시끌시끌

"잠깐만! 나 지금 저쪽에서 안개가 피어오르는 것을 본 것 같아."

관찰력이 좋네. 그곳으로 한번 가 볼까? 그러면 왜 이곳에 흐르는 물과 흙이 필요 없는지 알게 될 거야. 수경 재배할 때 많은 양의 물과 배양액이 버려진다는 문제점을 보완하기 위해 작물 성장에 필요한 수분과 영양분을 뿌리에 직접 뿌려 식물을 기르는 방식이 에어로포닉스 방식이라고 말했지?

> 맞아, 에어로포닉스 방식을
> 활용하면 버려지는 물과 비료 없이
> 식물을 기를 수 있어!

 채소, 과일은 물론이고 고구마, 감자 같은 뿌리채소도 힘들게 캘 필요 없이 손쉽게 수확할 수 있어. 여기를 봐!

 "작물들이 움직이고 있잖아?"

 그래. 여기는 머지않아 곧 익숙해질 미래의 스마트 팜이야. 작물들은 스마트 팜 내부에 설치된 인공 태양을 향해서 줄지어 다가갔다가 빛을 충분히 받으면 중앙 컴퓨터의 제어에 따라 다시 어두운 곳으로 이동해. 사물 인터넷이 발달한 결과 가능해진 농사 방법이야. 개체마다 설치된 인공 지능 센서를 통해 이동할 수 있고 필요한 수분과 배양액을 상태에 따라 자동으로 분사해서 안개가 피어오르는 것처럼 보이기도 해.

**환경이 나빠진 지구에서
큰 규모의 배양 시설을 짓지 않고도
각 작물에 필요한 것을
자동으로 공급할 수 있게 하지.**

　인공 태양 아래 연노랑빛을 띤 딸기가 반짝이고 있어. 그늘을 향해서 돌아가는 딸기들은 알록달록하게 잘 익은 딸기들이야.
　"그늘에서 날개를 반짝이며 날아다니는 것들은 뭐지? 벌이라기엔 크고 새라기엔 너무 작은데?"
　아, 그건 벌새 로봇이야. 잘 익은 딸기의 당도를 측정해서 용도별, 색깔별로 구분하는 일을 해. 구분이 끝나면 각 벌새 로봇은 자신이 맡은 상품의 수확장으로 딸기 화분을 이끌고 가지.
　"알록달록한 색을 띤 게 모두 딸기라니! 어떻게 그럴 수 있지?"
　과일이 일정한 색을 띠는 것은 유전자 때문인데, 앞으로

는 기술이 발전해서 다른 색 과일에서 색을 결정하는 유전자를 딸기 유전자에 넣을 수 있어. 어떤 색이라도 가능해.

"그런 일이 어떻게 가능한데?"

필요한 유전자만을 잘라 내 다른 곳에 삽입할 수 있는 크리스퍼 유전자 가위 기술 덕분이지. 크리스퍼 유전자 가위 기술은 원하는 유전자를 오려서 DNA에 붙이거나 없애고 싶은 유전자를 잘라 내서 다시 배열하는 기술을 뜻해. 이 기술을 활용하면 원하는 특징만을 가진 새로운 종이 탄생하겠지?

"그런 기술이 있다니 정말 대단한데? 앞으로는 지금 인간이 지닌 장점만을 조합한 새로운 인류나 동물이 탄생할 수도 있겠어!"

자, 이번에는 저 벌새 로봇을 같이 따라가 볼까?

"좋아."

저기 딸기를 색깔별로 분류해 놓은 수확장에서 포장 상자로 들어가는 딸기가 보이지? 이 농장은 저장할 곳을 최대한 확보하기 위해 자리를 차지하지 않는 아주 작은 벌새 로봇을 활용하고 있어. 색깔마다 딸기 수확을 담당하는 벌새 로

봇이 있지. 그 이후에는 사물 인터넷을 이용해 딸기를 색깔별, 모양별, 맛별로 모아서 포장하거나 저장하는 장소로 유도하는 역할을 해.

"딸기가 떨어지면서 포장되는 거야?"

그건 아냐. 잘 봐. 화분이 오면 조그맣고 투명한 가위 손이 딸기 꼭지를 재빨리 다듬어서 상자에 넣고 있어.

"아주 빠르고 정확하면서도 위생적인 것 같아."

그렇지. 사람 손은 체온과 땀 때문에 오염되기 쉬우니까.

미래의 농장에서는

보이지 않는 곳에서

로봇이 정확하고 빠르게 그리고 청결하게

자기 일을 하고 있어.

4
여기까지 모두 스마트 팜

스마트 팜을 유지하는 데 가장 필요한 게 뭘까?

"그야 사물 인터넷이지. 이제는 알아. 먼저 스마트 팜 안에 설치된 센서 칩이 작물의 상태와 스마트 팜 내부의 다양한 요소를 측정해. 다음에 그 정보를 중앙 컴퓨터나 다른 기계로 전송해. 그래서 사물 인터넷으로 연결된 기계는 서로 정보를 주고받을 수 있어."

매우 훌륭한 정리였어. 이렇게 사물을 서로 연결한다고 해서 사물 간의 인터넷(Internet of Things), 즉 IoT라고 불러. 사물 인터넷 덕분에 최소한의 인원으로 대량 생산이 가능한 스마트 팜을 운영할 수 있는 거야.

하지만 사람이 일하는 대신 기계 설비로 농산물을 대량 생산하는 농장이 스마트 팜의 전부는 아냐.

> 스마트 팜은 농업만이 아니라
> 임업, 축산업, 수산업처럼 자연환경을 이용해서
> 직접 생산하는 모든 1차 산업 분야에서
> 활용할 수 있어.

1차 산업에 정보 통신 기술(ICT)을 적용해서 각 산물이 자라나는 환경을 관리하고 생산품의 양을 획기적으로 늘리는 공간 대부분이 다 스마트 팜이야. 또 스마트 팜은 생산에만 매달리지 않고 생산한 제품을 필요한 곳에 공급하는 유통 서비스도 관리할 수 있어.

1차 산업의 생산물을 가공해서 제품으로 만드는 것이 바로 2차 산업이야. 2차 산업의 생산품을 배급하고 유통하고 사용할 수 있도록 서비스를 제공하는 사업은 3차 산업이지.

스마트 팜의 관리 체계를 통해서 이 모든 과정을 동시에 관리할 수 있어. 덕분에 생산만을 뜻하던 1차 산업은 서비스업인 3차 산업과 결합했고. 이를 4차 산업이라고 불러.

"알겠어. 스마트 팜은 4차 산업!"

이제 농작물을 생산하기 위해 없어서는 안 될 것들을 정리해 보자. 그것들이 곧 우리가 과학으로 해결해야 할 기술이 될 테니.

"햇빛, 물, 영양분, 적당한 온도?"

그렇지. 거기에 신선한 공기와 각 식물에 따라 가장 적합한 환경까지 만들어 줘야 해.

자, 이제 퀴즈 타임!

옆집 젖소 농장에서는 공기를 자동으로 측정해서 환기를 시켜 준대. 젖소에게 부착한 스마트 칩으로 체중을 비롯한 몸 상태를 확인해서 적정 사료량은 물론 병은 없는지, 젖은 얼마나 짜야 하는지도 알아낼 수 있대. 그렇다면 이 젖소 농장도 스마트 팜이라고 할 수 있을까?

"당연히 스마트 팜이야. 사람 손이 가지 않아도 일을 척척 해 주는 시설이 있다면 스마트 팜이 분명해."

맞아. 그렇다면 새우 양식과 같은 수산업도 스마트 팜으로 운영하는 게 가능할까?

"그건…… 좀 아닌 것 같아. 바다에서 농장을 운영할 수는 없잖아?"

어민들도 그렇게 생각할까? 소를 키우는 것처럼 양식장에서 물고기를 키우고, 작물을 심는 것처럼 해초를 심어서 관리한다고 해도?

"바다는 양식장이라고 부르지 농장이라고 부르지는 않잖아."

커다란 건물에 수조를 설치하고 해수를 여과하고 순환시켜서 물고기를 기른다면? 어느 분야건 방식은 비슷해. 모든 것이 사물 인터넷으로 연결되어 있어서 산소 포화도, 수온, 수질 상태 등 물고기가 살아가는 환경과 사람이 관리해야 하는 일거리를 정보 통신 기술로 해결하는 거지.

"음, 그렇다면 스마트 팜이라고 불러도 될 것 같은데!"

**맞아. 심지어 정보 통신 기술이
점점 발전하면 스마트 팜을 통해
농업과 어업을 동시에 해결할 수도 있어.**

    수경 재배로 농사를 지을 때 동시에 물고기를 길러서 물고기가 배설하는 유기물을 식물에게 영양분으로 제공하는 거야. 식물이 유기물을 흡수하면 물이 깨끗해지겠지? 그러면 양식장 쪽으로 다시 물을 순환시켜서 깨끗해진 물에서 물고기들이 살아갈 수 있게 하는 거지. 이렇게 농장을 운영하는 방식을 **아쿠아포닉스**라고 해.

    이렇게 자연 친화적인 방식으로 정화된 물에서 살아가는 물고기는 병에 잘 걸리지 않는대.

    "그렇게 하면 양식장을 청소하기 위해 소독약이나 항생제를 사용할 일도 없겠네? 바다를 오염시키지 않고 자연 친화적인 방식으로 정화된 물에서 살아가는 물고기는 건강할 것

같아. 정말 친환경적인 농사와 양식이 동시에 가능해지는 거네!"

그렇지. 발전된 스마트 팜을 통해
농업, 어업 등의 산업 경계가 희미해지고 있어.
드디어 스마트 팜의 시대가 시작된 거야.

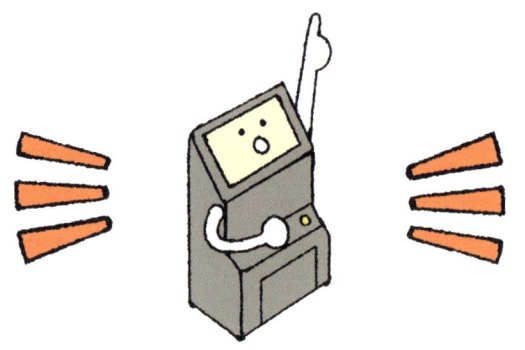

5
똑똑한 농사, 스마트 팜

이제 우리가 작은 스마트 팜을 만들어 보자. 무얼 심어 볼까?

"난 꽃이 좋은데. 튤립이 어떨까?"

튤립? 길러 본 적 있어?

"아니. 어떻게 시작하지?"

스마트 팜을 운영하려면 우선 작물에 대해 지식이 있어야 하고 사물 인터넷에 관한 이해도가 있어야 해. 이런 문제를 어떻게 해결하는 게 좋을까?

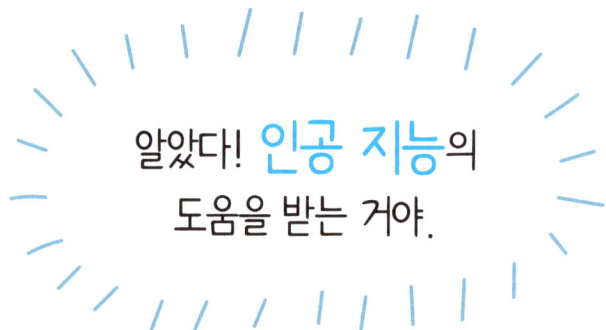

　인공 지능은 농사에 관한 방대한 자료를 **빅 데이터**에서 불러들여서 우리가 키우려는 작물의 조건에 딱 맞는 지식과 기술을 찾아낼 수 있어.

　"빅 데이터?"

　응. 빅 데이터는 세상의 모든 지식이랄까? 분야별로 얻을 수 있는 모든 기술을 총망라해서 저장한 데이터를 뜻해. 전 세계에서 모아 온 지식이라면 자료의 용량이 얼마나 크겠어? 그래서 빅 데이터라고 부르는 거야. 빅 데이터를 가지고 인공 지능이 **딥 러닝**을 통해 우리에게 필요한 정보를 제공하게 돼.

　"딥 러닝은 무슨 뜻이야?"

딥 러닝은 인공 지능이 마치 사람처럼 먼저 공부했던 것을 활용하고 필요한 자료를 스스로 찾아 한데 모아 가면서 새로운 지식을 얻는 것을 말해. 이전까지의 컴퓨터가 단순히 자료를 차곡차곡 쌓아 놓을 줄만 알았다면 딥 러닝은 지식

을 서로 비교하고 대조하면서 새로운 지식을 스스로 깨우칠 수 있는 능력이라고 할 수 있어.

"그러면 대대로 농사지어 온 전문 농가를 직접 찾아다니면서 배울 필요도 없겠구나."

맞아. 농사 전문가의 지식을 모두 정리한 빅 데이터를 활용하면 되거든. 마음만 먹으면 무엇이든 잘할 수 있는 세상이 됐어.

그동안 농촌 청년 대부분이 힘든 농사일을 그만두고 너도나도 도시로 갔잖아? 그 결과 우리가 살아가는 데 가장 중요한 먹거리를 생산하는 농촌에는 거의 노인만 남게 되었고 말이야.

"빅 데이터를 이용하면 청년도 농촌에 남게 될까?"

물론이지.

"빅 데이터를 위한 정보 수집은 어떻게 하는 거야? 아무리 많은 양의 자료를 구했다고 해도 그것만으로 농사를 짓는다는 건 불가능할 것 같아. 정보가 쌓이려면 새로운 기술을 적용해서 성공한 실제 사례가 충분히 있어야 하잖아. 스마트 팜 사업의 기초를 준비하는 사람들은 어떻게 그 일을 성공시킨다는 거지?"

빅 데이터 수집까지 개인이 하기는 어렵지. 외국에서는 각 분야에 필요한 빅 데이터를 우선 구축한 다음 소비자에게 제공하는 기업이 많아.

우리나라에서는 부여군에서 최초로 10개의 스마트 팜을

묶어서 기후, 비료, 병충해 등의 모든 자료를 수집하고 분석하는 스마트 팜 통합 지원 시스템을 운영하고 있어.

시대와 기술이 변하면서 새로운 직업이 생겨나고 한때 중요했던 직업 중에서 사라지는 것도 많지. 미래에 가장 주목받는 기업 중 하나는 바로 이런 데이터를 수집하고 분석해서 소비자에게 제공하는 빅 데이터 판매 회사가 될 거야.

"농사 경험을 빅 데이터화하고 농기계와 스마트 팜 농장들이 인터넷으로 작동하도록 하는 기술이 동시에 발전한다고 치자. 하지만 기술의 발전이 식물이 태어나고 자라는 과학적 원리 자체를 진화시키지는 않잖아? 인간이 모든 것을 기계화한다고 해서 동식물이 자라는 자연까지 제어할 수는 없을 텐데?"

스마트 팜은 인간이 그동안 발전시켜 온 모든 기술의 집약이라고 할 수 있어. 잠시 생각해 봐. 우리는 포도는 보라색이어야 하고 딸기는 빨간색이어야 한다고 생각해 왔잖아? 그것을 자연의 섭리라고 생각했고. 하지만 유전 공학의 발전으로 이미 우리가 그동안 자연의 섭리라고 받아들여 온 것을 깨뜨릴 수 있어. 보라색 딸기, 가지의 영양을 지닌 포도처럼 말이야. 우린 스마트 팜에 맞도록 작물을 변화시키고 그 데이터를 계속 쌓아 스마트 팜에 공급하면서 흙도 없고 비도 내리지 않는 우주선 안에서도 농산물을 생산할 수 있는 경지에 이르렀어.

아마 우주에 스마트 팜 농장을 짓는 것도
그리 먼 미래의 일은 아닐걸.

"그렇군! 다시 처음으로 돌아가서, 이제 양분을 공급하는 방법만 알면 되겠네."

우리는 햇빛을 대신하기 위해서 식물에게 꼭 필요한 빛을 내는 LED 조명을 사용한다는 것을 이미 확인했어. 다음으로 필요한 기술은 흙 없이도 물과 양분을 공급할 수 있는 기술이 되겠지. 초기의 스마트 팜은 수경 재배 방식으로 흙을 대체하는 배양체의 구멍에 식물 씨앗을 심은 다음 그 아래로 배양액을 흘려보내서 키우는 방식을 택했어. 싹이 트면

물과 양분을 계속 공급해 줘야 하는데, 그 방법으로 **담액 수경 재배**, **박막 수경 재배**가 있어.

"그래? 두 가지 중 어떤 재배법이 더 좋을까? 두 방식을 비교해 줄 수 있어?"

담액 수경 재배는 흙 대신 식물의 뿌리를 물에 담그거나 뿌리에 수분을 뿌려서 재배하기 때문에 배양액이 많이 필요해. **박막 수경 재배**는 뿌리에 필요한 양분이 담긴 배양액을 파이프 위로 지나가도록 하는 거야. 뿌리를 배양액에 담그는 담액 수경 재배보다 물이 훨씬 절약되겠지? 그뿐만 아니라 배양액의 성분을 쉽게 바꿀 수 있고, 성장 속도를 조절할 수도 있어.

"하지만 스마트 팜은 모든 것을 인터넷으로 관리하잖아? 가끔 인터넷이 끊길 때가 있는데, 이럴 때 식물에 제때 물을 주지 못하거나 양분이나 산소 같은 게 공급되지 않으면 식물이 죽을 수도 있지 않을까? 뿌리가 배양액에 담겨 있다면 잠시 인터넷 연결이 끊어지더라도 별 상관 없겠지만 적은 양의 배양액이 순환되다가 멈추면 뿌리가 마를 것 같은데?"

맞아. 그게 박막 수경 재배의 단점이야. 그래서 비상 발전기를 설치하거나 그 외 여러 가지 상황에 대처하는 기술적 보충이 필요해.

"이제껏 시설 작물 경우만 이야기한 것 같아. 사실 비닐 하우스나 시설 재배가 어려운 노지 작물 재배에 대해서는 해당되지 않는 이야기뿐이야."

그렇지 않아. 스마트 농업은 건물 안에서만 가능한 게 아니니까. 경작할 토지가 부족하거나 기후나 환경이 악화된 미래를 대비한 농장은 행성이나 우주선에서의 농사처럼 모두 스마트 팜 안에서 이루어진다는 특수성이 있어. 당분간은 노지에서 짓는 농사에도 그 원리를 활용하면 돼. 하지만 지금 당장 큰 부피를 차지하는 과일나무를 실내에서 키우는 완벽한 기술은 아직 개발되지 않았어. 그래서 빅 데이터를 이용해서 작물을 키우고 드론으로 병충해를 예방하거나 스마트폰 앱을 사용해서 물을 주는 비교적 단순한 기술만 활용하고 있지.

"노지에서는 농지의 수분과 영양 상태 정도만 측정할 수 있을까?"

아니. 그 외에 공기의 습도와 이산화탄소, 풍향, 강우량, 햇빛의 세기 등을 측정하고 동물이 농작물을 먹어 치우거나 해치는 것을 방지하기 위해 CCTV나 웹 카메라를 설치해서 관리해.

"농장 제어 장비는 어디에 두고?"

굳이 따로 둘 필요가 없어. 휴대전화 앱으로 통제할 수 있으니까. 카메라로 농작물 상태를 확인한 후 병충해가 발생하면 드론을 띄워서 농약을 살포하기도 해. 누군가가 농작물을

절도하거나 야생 동물 피해를 입을 때는 농장 관리자에게 휴대전화로 문자를 보내서 즉시 알려 주는 기능도 있어.

모든 기기가 인터넷을 통해 저절로 움직이면서 농사를 짓도록 하는 것도 컴퓨터를 사용해야 가능한 건데, 그러려면 **컴퓨터 프로그래밍 기술**이 필요해. 이건 장비를 움직이기 위해서 사전에 완비돼 있어야 하는 소프트웨어에 관련한 기술이지.

어떤 명령을 받아들이고 새로운 명령을 내리기 위해 출력하는 것은 모두 컴퓨터 프로그래밍을 통해 가능한 거야.

"컴퓨터 프로그래밍? 그건 농업이 아니라 컴퓨터 공학에서 다뤄야 하는 거 아냐?"

농업도 예외는 아니야. 아무리 사람 대신 로봇이 일한다고 하더라도 기계를 움직이기 위해서는 프로그래밍이 필요해. 컴퓨터에서 기계에게 작동 방법을 지시해야 기계가 움직이는 거야.

외국 사람과 의사 소통을 하기 위해서 그 나라 언어를 배워야 하는 것처럼 컴퓨터 프로그래밍은 기계가 알아듣게 명령하기 위해 인간의 말을 기계의 언어로 번역하는 작업이라고 할 수 있어.

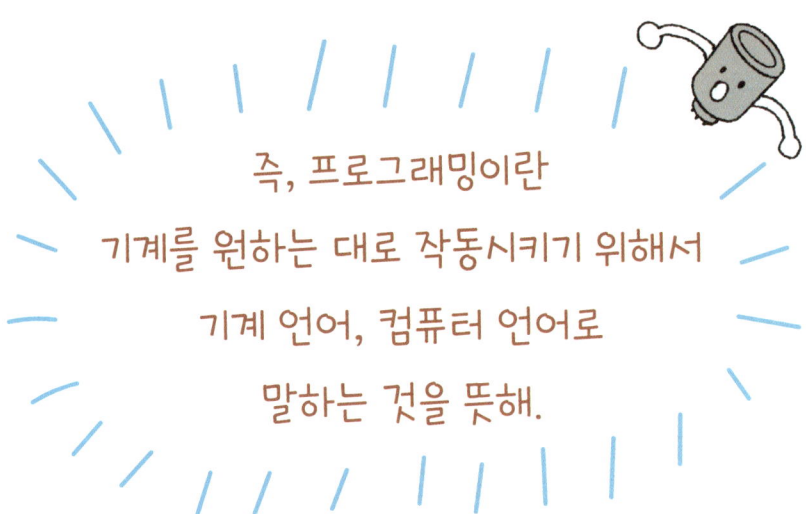

즉, 프로그래밍이란
기계를 원하는 대로 작동시키기 위해서
기계 언어, 컴퓨터 언어로
말하는 것을 뜻해.

"저것 봐. 조그만 드론들이 논밭을 날아다니면서 뭔가 뿌리고 있어. 이제 보니 이곳도 농약 살포를 기계로 대신한 스마트 팜이었군."

드론이 할 수 있는 일이 농약 살포만은 아니야. 높은 전압을 발생시켜 해충만 표적으로 없애는 기계를 장착한 드론이 농약 대신 고전압으로 해충을 감전시켜 박멸하는 것도 가능해.

이렇게 스마트 팜을 운영하기 위해서는 로봇 기술, 농기계, 차량 산업, 컴퓨터 프로그래밍 기술처럼 많은 관련 산업의 협력과 발전이 필요해.

그러면 이제 다양한 분야의 최첨단 기술이 어우러져서 농사를 짓는 현장에 직접 가 볼까?

6
우주선에 흐르는 은하수

푸른하늘 은하수 하얀 쪽배엔
계수나무 한나무 토끼 한 마리!

"설마! 그 은하수가 진짜 흐르는 물이었다는 말이야? 여긴 지구가 아니잖아? 그런데 물이 둥둥 떠다니지 않고 시냇물처럼 발아래에서 흐르고 있어! 이게 가능해?"

보다시피! 우주선을 무중력 우주 탐사선으로 생각하면 안 돼. 우주 정착지로 가는 우주선들은 축구장 몇 개를 합해 놓은 것보다 더 크고 우리가 살아가는 지구 환경과 크게 다르지 않게 설계되어 있어. 아무리 가까운 행성이라도 우주선

을 타고 몇 년은 가야 하니까 말이야.

"하지만 우주선에는 중력이 미치지 않잖아?"

그러니까 만들어야지.

"중력을 만든다고?"

중력은 지구가 물체를 잡아당기는 힘을 말해.
이 힘을 인공적으로 만들면
우주에서도 지구와 같은 생활을 할 수 있어.

"어떻게?"

모든 물체 사이에는 서로 끌어당기는 힘이 있다는 것이 뉴턴이 발견한 만유인력의 법칙이야. 질량이 큰 물체일수록 그 힘은 커지겠지? 그래서 우리는 지구의 중심이 모든 것을 끌어당기는 중력을 느끼는 거야. 지구의 모든 생물은 중력에 적응하면서 진화해 왔고, 우리 몸도 중력을 받으면서 살아갈 수 있도록 만들어졌어. 식물의 뿌리가 땅으로 곧게 자라는 것도 중력 때문이고.

"그 힘을 인공적으로 만드는 게 가능해?"

원심력, 즉 중심에서 멀어지려는 성질을 이용하면 가능해. 중력만큼의 힘으로 우주선에 원심력이 작용하도록 만든다면 원심력이 발바닥 쪽으로 작용해서 우리 몸이 그것을 자연스럽게 중력으로 받아들이게 되거든.

여긴 인공 공간이지만 자연을 거의 그대로 느낄 수 있는 우주선이야. 그래서 우린 우주선에 만들어진 가로수 길을 걸을 수 있는 거지.

"이 가로수는 마치 내가 어릴 적 꿈에서 본 것 같아. 빨간 사과가 주렁주렁 달린 가로수라니!"

우주선의 모든 공간은 사람이 생활하는 동시에 농산물을 경작하는 곳으로도 활용할 수 있어.

"그런데 말이야. 가뜩이나 좁은 우주선에서 농사를 지으면 얻는 것보다 잃는 것이 많지 않을까? 영화를 보면 우주인이 먹는 식량은 특수하게 제작되어서 먹기도 간편하고 영양적으로도 균형 잡혀 있다던데? 농사지을 공간은 다른 공간으로 활용하는 게 좋지 않을까?"

하지만 언제 끝날지 모르는 우주여행에서 탑승객이 지치면 여행하는 목적을 이룰 수 있을까? 매일 튜브에 담긴 음식만 먹는다면 나는 일주일도 버티지 못할 것 같아.

음식이든 중력이든

최대한 우리가 살아가는 지구와

비슷한 환경을 만들어야

끝없는 우주를 항해할

힘이 생기는 거라고.

"저긴 레스토랑이라고 쓰여 있네. 모든 식탁이 포도 넝쿨 모형으로 장식이 되어 있어."

장식이 아니라 진짜 포도 넝쿨이야. 탁자와 탁자 사이의 작은 화단을 잘 봐. 브로콜리와 상추, 청경채처럼 먹을 수 있는 채소가 자라고 있지? 우주선은 앞서 네가 말한 것처럼 생존에 필요한 것을 생산하기 위해 최대한 효율적으로 구성해

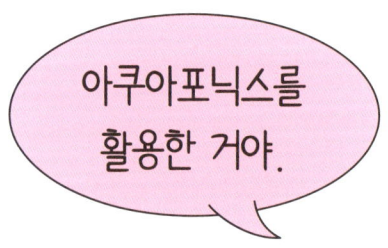

야 많은 사람이 오랫동안 버틸 수 있어.

"바닥에는 시내가 굽이굽이 흐르고 있어. 왜 탁자 사이에 저런 것을 설치한 걸까?"

아쿠아포닉스를 활용한 거야.

시내에서 자라는 물고기의 부산물은 나무와 채소의 영양분이 되고 다 자란 물고기는 레스토랑에서 바로 식재료로 쓰이고 있어.

"아쿠아포닉스를 우주선에서 효율적으로 사용하고 있군."

우주선에서 물은 최대한 효율적으로 활용해야 해. 지구에서 물이 순환하듯이 우주선 안에서도 모두 정수 과정을 통해 돌고 돌아. 우주에서는 우주선에 있는 물 외에는 한 방울도 더 구할 수 없기 때문이야.

"살아 나가기 위해서는 물을 더 아껴야겠군."

맞아. 살아가는 데 꼭 필요한 자원인 만큼 아끼고 또 아껴야겠지.

이제 저 시냇물은 레스토랑에 필요한 물을 공급한 다음, 우주선의 스마트 팜으로 흘러들어 가.

"가 보자, 우주선의 스마트 팜은 어떤 곳인지."

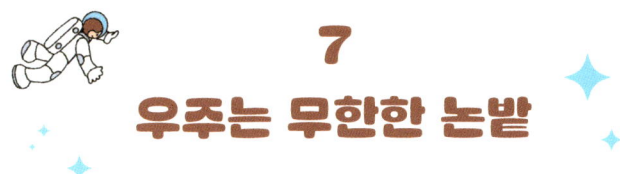

7
우주는 무한한 논밭

"창밖에 보이는 우주 풍경이 지구의 도시와 별로 다르지 않아 보여. 그런데 저기 특이한 건물이 있어. 건물이 투명해서 안에서 자라는 곡식이 다 보여. 여기 내려서 볼까?"

아니, 우린 이대로 꼬마 우주선을 타고 관람하게 될 거야.

"우주선에서 내리지 않은 상태로 관람한다고?"

신나지 않아? 우주 비행사처럼 공중을 날면서 우주선에 있는 논밭을 구경한다는 사실이?

"당연히 신나지. 우주에서도 자라는 벼를 볼 수 있다니! 그런데 저 뒤에 빳빳이 고개를 들고 있는 건 뭐지?"

저건 빵의 재료인 밀이야. 이 우주선에서는 온 세상 사람

이 먹는 다양한 재료를 모두 길러야 하거든. 우주선에서는 논농사를 짓는 게 가장 어려워. 벼농사를 지으려면 풍부한 물과 따뜻한 공기가 있어야 하니까. 이렇게 꽉 막힌 우주선에서 벼농사를 짓는 건 정말 어려운 일이야.

한때 우주에서 논농사를 포기하려고 했던 것도 그 때문이지. 하지만 점점 쌀 소비량이 늘어나면서 결국 논농사를 짓기로 했어.

이 좁고 더운 공간에서도 씩씩하게 일을 하는 로봇들이 산업 현장에 투입되면서 문제가 해결되고 있어.

"스마트 팜 위에 차단 막이 쳐져 있어. 로봇이 차단 막 위로 재배 선반을 나르고 있고. 잎사귀가 푸른 것을 보면 아직 수확 시기가 아닐 텐데 왜 저곳으로 재배 선반을 나르는 것일까?"

식물에게도 밤이 필요해.
빛이 있는 한 식물은 계속 광합성을 하고
열매에 영양분을 쌓아야 하니
끊임없이 일하는 거나 마찬가지야.

낮에 너무 열심히 일했어.
이제 자야지.

그래서 식물이 쉴 수 있도록 밤을 만들어 주는 거야.

"시간별로 조명을 켜고 끄는 게 더 효율적이지 않을까?"

빛은 스스로 빛을 내는 광원 위치에 따라 빛을 잘 받거나 가려지는 각도가 있어. 따라서 모든 식물이 광원 주위를 돌면서 필요한 만큼 빛을 쬔다면 충분한 빛을 받으면서 고르게 잘 자랄 수 있지.

"등을 움직이는 방법도 있잖아?"

전기 설비를 끊임없이 움직인다면 고장 날 수도 있고 때로는 사고가 날 수도 있겠지? 그래서 재배 선반을 이동시키는 것이 훨씬 효율적인 방법이라는 결론을 내린 거야.

그 기술을 활용해 지구 환경과 비슷한 행성에서 농사를 지으며 살아갈 수도 있겠지?

물론이야. 스마트 팜을 연구하는 이유는 농촌 인구 고령화, 물 부족 같은 현실적인 문제부터 먼 훗날 우리가 지구가 아닌 새로운 행성을 개척하러 나섰을 때 먹을 것, 입을 것을 해결하기 위한 기초 작업이기 때문이야.

"하지만 몇몇 과일나무 외에 지구를 푸르게 수놓았던 수많은 나무와 동물을 모두 다 구할 수는 없겠지? 그런 생각을 하면 우울해져."

물론 다 옮길 수는 없겠지만 최선을 다해야겠지. 지구에 되돌리기 어려운 재난이 닥칠 때를 대비해서 세계 곳곳에 **종자 은행**이 있어. 하지만 전쟁으로 파괴된 곳도 많아.

제2차 세계 대전 때에는 러시아 상트페테르부르크 바빌로프 식물 산업 연구소가 파괴되었어. 그 이후에도 재난을 대비해서 준비한 종자 은행들이 결국 인간이 만든 재앙으로 파괴되었지. 2002년 아프가니스탄 카불 종자 은행과 2003년 이라크 아부그라이브 종자 은행 그리고 2022년에는 러시아-우크라이나 전쟁으로 우크라이나 하르키우 종자 은행이 파괴되었어.

"그러면 이제 지구의 씨앗을 보존하는 곳은 더 이상 없는 거야?"

당연히 존재하지. 세계 2대 종자 은행이 우리나라에 있다는 사실을 알아?

"정말? 그렇게 중요한 시설이 우리나라에 있다니 반가운 소식인데."

**우리나라는 2015년 2월
경상북도 봉화군의 국립백두대간수목원에서
야생 식물 종자를 중심으로 보관하고 있는
백두대간 글로벌 시드 볼트를 유치했어.**

이 저장 시설은 해발 고도 600m의 지하 46m 지점에 터널형으로 지어졌대. 1년 내내 온종일 영하 20도, 습도 40%를 유지하고 정전이 되어도 실내 온도는 영상 10~15도를 유지하도록 설계되었다고 해.

"정말 대단해."

재난이 일어나지 않는 게 가장 좋겠지만 재난이 없더라도 멸종을 대비해서 종자 은행이 필요하긴 해.

"그렇지. 지구의 생명을 보존하기 위해 전 세계가 꾸준히 노력하고 있다는 건 희망적이네."

어쨌든 최악의 경우를 대비해서 지금 당장은 희귀 식물이 아니어도 씨앗을 보관하는 건 중요해.

"씨앗을 보관해도 지구 환경이 빠르게 나빠진다면 결국 심어 보지도 못하고 사라지는 것 아닐까?"

종자를 만나기 위해서는 지하 40m 아래로 내려와 영하 20도를 견뎌야 해.

그게 바로 스마트 팜 기술을 빨리 발전시켜야 하는 이유야. 인류가 지구를 떠나야 할 때가 왔는데 새로 정착할 행성을 바로 찾지 못한다면, 우주선에서라도 식물의 싹을 틔워야 할 테니까. 생존 경쟁에서는 좀 뒤떨어지는 식물의 종자, 멸종 위기에 처한 식물의 종자라면 자연 상태로 두는 것보다 쾌적한 환경을 제공하는 스마트 팜이 종의 다양성을 지키는 역할을 하게 될 거야.

그러니 어떤 재앙이 닥쳐 와도 지구에서 보던 숲의 나무들을 영원히 보지 못할까 봐 걱정할 필요는 없어. 세계적인 비상 사태가 오면 각 정부는 범지구적으로 힘을 합쳐 지구 식물을 복원하는 일을 함께하게 될 거야.

이제 우주에서 쑥쑥 자라고 있는 지구의 나무를 확인하러 가 보자.

8
숲과 과수원이 있는 우주

 너는 마음이 답답하거나 속상한 일이 생겼을 때 어떻게 풀어?

 "집 앞 공원을 거닐거나 정원의 꽃을 돌보지. 그러다 보면 어느새 마음이 밝아져."

 나도 그래. 꽃이나 나무는 마음을 달래 주는 특별한 능력이 있는 것 같아. 우리가 지구 밖에서 생활한다면 우리의 감정은 어떤 변화를 겪을까?

 "글쎄…… 우울증에 걸리려나? 나는 가끔 우주선을 타고 지구를 탈출하는 꿈을 꾸기도 해. 거기서는 마음이 울적한 날 억지로 학원에 가거나 시험을 보지 않아도 될 테니까."

그건 좋은 점이네. 하지만 정원이나 숲 혹은 자연환경으로 마음을 치유하는 사람은 우주선을 타거나 다른 행성에 정착하게 되면 미처 생각지도 못했던 스트레스를 받을 수도 있을 거야. 지구에 대한 그리움도 그중 하나가 될걸.

"아마도 그렇게 되겠지."

우주선에서 식물을 키우는 건 꼭 식량을 얻기 위해서만은 아니야. 꽃과 나무는 우리에게 정서적 안정감을 주곤 해. 또 신선한 산소를 공급하니 공기를 정화시킬 수도 있고.

아까 아쿠아포닉스 스마트 팜에서 본 것처럼 현재는 폐수로 버려지는 물, 정화조에서 나오는 오수도 다 정화시켜 주지. 그뿐만이 아니야. 우주선처럼 폐쇄적인 공간에서는 온도와 습도를 유지할 수 있도록 공기를 순환시키는 역할도 해.

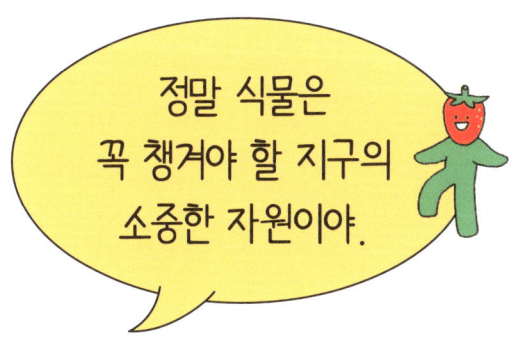

정말 식물은 꼭 챙겨야 할 지구의 소중한 자원이야.

 "여긴 우주 과수원이라고 적혀 있네. 이미 우주선에서 사람들이 사는 곳에도 사과나무, 포도나무 등이 우거져 있는데 따로 과수원을 만들 필요가 있는 거야?"

 지금 지구에는 동네마다 대형 마트뿐 아니라 작은 편의점도 많지? 마찬가지로 사람들이 즐겨 먹는 과일의 나무가 사는 곳 주변에 있으면 구하기가 쉽잖아? 대량 생산되는 먹거리, 예를 들어 잼이나 과일 통조림, 주스 등의 원료가 되는 과일이나 잣나무, 밤나무, 소나무같이 거주 지역에 넓은 숲을 조성하기 어려운 큰 나무는 스마트 팜 밀집 구역에서 집중적으로 키우고 가공까지 해야 효율적이야. 이곳은 우주선의 휴양지로도 활용할 수 있어.

"그런데 이렇게 큰 나무들은 배양토가 엄청나게 필요할 텐데 어떻게 키워?"

에어로포닉스 기술을 활용하면 돼. 이런 나무들이 충분히 뿌리내릴 만큼 지구의 흙을 가져온다면 우주선은 무거워서 움직일 수 없을 거야. 흙이 아니어도 실어야 할 것이 너무 많아서 연료도 어마어마하게 필요하고.

> 흙 대신 에어로졸 형태로 수분과 영양분을 뿌리에 일정하게 뿌려 주면 나무는 흙이 없어도 쑥쑥 자랄 수 있어.

"에어로졸? 그게 뭔데?"

액체나 미세한 가루 약품을 액화 가스와 함께 밀폐된 용기에 넣고 액화 가스의 압력으로 그 가루와 약품을 뿜어 내어 사용하는 방식을 말해.

"그럼 모든 나무를 에어로졸 방식으로 키울 수 있다는 건가?"

물론 원리가 그렇다는 거야. 현재 침엽수까지 재배할 수 있는 스마트 팜은 지구에 없어. 저기를 봐. 수많은 로봇이 나무를 돌보고 있어. 조그만 재배 로봇이 날아다니면서 필요한 일을 한다면 좁은 공간에서도 문제없어. 사람은 저렇게 자유자재로 날아다닐 수 없잖아? 위험하기도 하고 설사 웨어러블 로봇 작업복을 입는다고 해도 작은 재배 로봇보다 효율성도 떨어질 테고. 지구에서 로봇 공업을 더 열심히 발전시켜야 할 이유를 짐작할 수 있겠지?

"훗날 더 풍족하고 행복한 삶을 살아가기 위해서 나도 더 열심히 공부해야겠다는 생각이 드네. 나 역시 언젠가는 어떤 환경에서도 식물 키우는 기술을 발전시키는 일에 도움이 될 수 있겠지?"

두말하면 잔소리지. 숨을 깊이 들이마시자. 지구의 숲에서 마셨던 피톤치드 향기가 우주에서도 가슴 가득 차오르도

록!

"한 가지 궁금한 점이 있는데."

말해 봐.

"과학 기술이 발달하면 자연 재해를 극복하는 방법도 발달하지 않을까? 그러면 굳이 우주선을 타고 막막한 우주 공간을 떠돌며 첨단 농사를 지을 필요도 없을 것 같은데."

자연 재해의 규모는
갈수록 커지고 또 잦아지고 있어.
하지만 자연의 힘은 우리가 극복하기에는 너무 커.

인간이 그 모든 것을 지금 당장 감당하기에는 어려움이 따르지. 그래서 가장 중요한 문제부터 해결하려는 거야. 생존에 필수적인 의식주 문제 같은 것 말이야.

사람은 직접 눈으로 보면서 체험하기 전에는 예측을 잘 못 하는 종족이야. 미래에 닥쳐올 자연 재해가 잘 상상이 되지 않지? 그래서 오늘 그 장면을 직접 보여 줄까 해.

"그런데 왜 이렇게 어두워? 하늘에는 분명 해가 뜬 것 같은데……. 그리고 너무 추워……."

핵겨울이 왔기 때문이야.

"핵겨울? 핵전쟁이 일어난 거야?"

핵겨울이 꼭 핵전쟁의 결과로 나타나는 건 아니야. 핵폭발과 똑같은 충격이 자연 재해로 인해 벌어진다면 결과도 비슷하겠지? 예를 들면 화산 폭발 같은 재해가 일어나서 갑자기 빙하기 같은 추위가 온다면 말이야.

> 일단 핵전쟁이 일어나면
> 도시와 삼림에서 큰 화재가 발생하면서
> 엄청난 재와 먼지가 지구를 둘러싸게 돼.

그러면 화산재나 연기가 태양의 복사열을 가로막아서 지구는 빙하기처럼 갑자기 추워지겠지? 이렇게 급속히 지구

온도가 내려가는 자연 재해도 핵폭발의 결과와 닮아서 핵겨울이라고 불러.

"전 세계 화산이 과연 동시에 폭발을 일으킬 수 있을까?"

환태평양 화산대라는 걸 들어 본 적 있지? 대개 대양과 큰 대륙이 만나는 곳을 중심으로 지각 활동, 화산 활동이 활발하게 일어나는데, 태평양을 둘러싸고 있는 반지처럼 동그란 모양의 바닷가에 있는 땅에서 활화산의 활동이 두드러지기 때문에 이곳을 환태평양 화산대라고 불러. 우리나라에는 아직 활화산이 없지만 태평양에 접해 있어서 안전지대가 아니야. 실제로 우리나라에서도 화산 작용이 활발해지는 전조 증상이 나타나고 있는데, 얼마 전부터 백두산의 화산 폭발 가능성이 사람들 입에 오르내리고 있어. 2016년 경주에서 진도 규모 5.6의 지진이 발생하기도 했지.

"화산 폭발은 자연 현상 중 하나지만 핵폭발은 방사성 물질에 의한 폭발이어서 더욱 위험한 것 아냐?"

대부분 그렇게 알고 있지만 방사성 물질에 오염되는 것은 폭발이 일어난 지점에서 가까운 곳에서만 큰 문제가 되고 당장 지구적인 문제로 확산하지는 않아. 방사성 물질은 핵폭발 부작용 중 하나고, 핵폭발이 두려운 것은 사실 인간의 힘으로 자연 재해와 같은 위력을 보인다는 것 때문이야. 그러니 정확하게 말하자면 우리가 가장 두려워해야 할 것은 원인이 핵폭발이건 자연 재해건 그 영향력의 규모가 어느 정도인가 하는 문제야.

"그럼, 이제 우린 어떻게 해야 해? 갑자기 공부도 하기 싫어진다. 세상이 망할지도 모르는데 공부해서 뭐 해?"

그러니까 더 열심히 해야지.

"왜?"

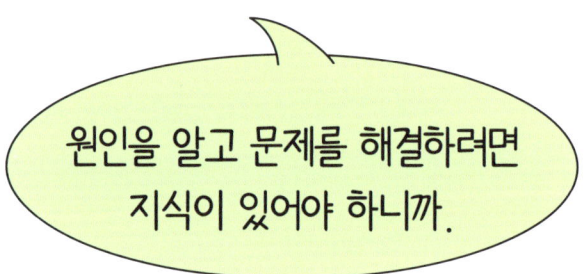

최소한 무엇이 우리가 사는 지구에 어떤 결과를 초래하는지 알 수 있는 힘도 아는 것으로부터 나오지 않겠어?

"저 아이들을 봐! 지나가는 차를 따라가며 손을 내밀고 있어. 뛰려고 하지만 힘이 없어 비척거리면서……. 배가 고프대……."

그래. 재난이 다가오면 가장 먼저 피해 보는 건 힘이 약한 사람들이야.

"그러면 가난을 먼저 물리쳐야 하는 걸까?"

어떻게 물리치는가가 바로 우리에게 주어진 숙제겠지. 세상에 주어진 물질의 양은 정해져 있어. 아무런 준비도 없이 재난이 닥치면 미리 필요한 것을 준비해서 쌓아 둔 사람들만 살아남겠지? 하지만 사람이 살아가기에 필수적인 식량

만이라도 누구나 구할 수 있다면 최소한 배고픔에 시달릴 사람은 없을 거야. 이쪽으로 와 봐.

"여기도 여전히 오가는 사람이 없네. 하지만 여기저기서 불빛이 비치고 있어. 여긴 어디지? 우주 식량 기지야?"

아니, 여기도 지구야. 사막이라 황폐해 보일 뿐.

"저 빛나는 빌딩은 뭐야?"

직접 다가가 볼까?

"여기는 물길이 흘러서 시원해. 밖은 먼지에 가려서 저녁처럼 어둡지만 안은 맑은 공기가 가득하네."

그리고 저 높은 곳에서부터 층층이 설치된 선반에는 싱싱한 채소와 과일 가지가 휘늘어져 있지. 흐르는 물을 잘 봐.

"물고기야! 화려한 색을 띤 물고기들이 헤엄치고 있어."

그래. 하루아침에 지구를 완전히 예전의 모습으로 되돌릴 수 없다면 지구가 회복되는 동안 사람들이 살아갈 방안을 마련해야 하겠지? 자, 여길 봐.

"여긴 황폐한 땅을 사이에 두고 스마트 팜이 빽빽이 들어선 곳도, 우주 농장도 아닌 것 같아. 정말 아름다워. 반짝이는 작업복을 입은 사람들이 수확하고 있는 모습이 예전 지구의 모습보다 더 풍요로워 보여."

맞아. 이건 더 오랜 세월이 흐른 이후 사람들이 살아가는 모습이니까.

9
가자, 드넓은 우주로!

"저기, 밝은 빛이 보인다. 스마트 팜인가 봐. 그런데 이건 뭐지? 예쁜 건물들……. 어라, 푸른 숲도 있네?"

맞아. 우리가 사는
미래의 스마트 팜에는
마을 하나가 들어 있는 셈이지.

하늘 정원을 이루는 작물을 중심으로 집이 들어서 있고 그 바깥으로 숲이 우거져 있어. 이 숲은 목재나 견과류처럼 사람들에게 필요한 것을 키워 내고 있지.

"미래에 사람들은 대부분 스마트 팜에서 일하나 봐. 많은 사람이 열심히 일하고 있는걸? 저 많은 사람이 과일나무에서 뭘 하고 있는 거지?"

알아맞혀 봐.

"글쎄…… 과일을 따는 것처럼 보이지는 않는데? 뭔가 수집하는 것처럼 보여."

맞아! 하지만 자세히 봐. 숲에서 일하는 건 사람이 아냐. 모두 **사이보그**야.

"무슨 소리야?"

미래의 농장에서는 가축을 도살한다거나 살아 있는 식물을 꺾거나 베는 법이 없어. 실제 생물과 겉모습이 똑같은 로봇이 그 생물의 **배양 세포**로 음식 재료를 키우지. 각 로봇에서 생산이 끝났다는 신호가 들어오면 사이보그들이 수레를 몰고 가 그 로봇들이 생산한 것을 수확하기만 하면 되는 거야.

"정말?"

게다가 식료품의 영양소를 그대로 재현해서 3D 컴퓨터로 합성해 음식을 제공하는 사업도 발달할 거야.

"현재도 많은 학자가 3D 프린터 요리법을 개발하고 있다고 들었어."

그래, 그 연구 결과가 쌓이면 미래에는 더 이상 살생할 필요가 없어.

"그런 일이 가능하다니! 정말 놀라운걸?"

그렇지! 하지만 스마트 팜은 꼭 식재료를 생산하는 데만 활용하는 건 아냐. 너도 알지? 화성에는 산소가 부족하다는 거.

스마트 팜의 푸른 채소 정원과 숲은
사람들의 마음을 치유하는 동시에
사람들이 숨 쉴 수 있도록 산소를 종일 공급하는
산소 제조 공장이기도 해.

어서 가 보자. 스마트 팜에 직접 들어서면 이런 설명도 필요 없을 테니.

"백문이 불여일견! 설명을 백 번 듣는 것보다 직접 스마트 팜에 들어와 보니 네 설명이 바로 이해가 되네. 공기가 너무 깨끗하고 향긋해! 우주에서 이런 공기를 마시게 될 줄은 몰랐어."

그렇지? 사람이 살아가기 위해 가장 필요한 것을 동시에 줄 수 있는 미래의 열쇠, 바로 스마트 팜이야.

그렇구나.
이제라도 인류가 더 오래 안전하게
살 수 있도록 하는 스마트 팜에
더 관심을 가져야겠어.

그렇게 해 줘. 네가 스마트 팜에 관심을 기울일수록 미래는 더 풍성해질 테니. 우리가 머리를 맞대고 생각과 뜻을 모은다면 인류가 앞으로 걸어갈 길은 우주 어디로든 뻗어 나갈 수 있어.

"그래, 우리의 미래는 밝고 따뜻하고 풍요로울 거야!"

작가의 말

　어린 시절, 저는 여름에 뜨개질로 만든 니트를 즐겨 입었습니다. 실로 짠 옷이다 보니 땡볕 아래서는 조금 더웠지만, 그늘에서는 서늘했습니다. 그리고 목이 마르면 수돗물을 마셨죠.

　물맛은 정말 맑고 시원했습니다. 물을 돈을 주고 사 먹는 시대가 오리라고는 예측하지 못했지만, 그때도 지금처럼 여름이면 장마가 져서 많은 비가 내렸지요. 하지만 홍수에 뒷산이 무너져 내리고 도로를 달리던 자동차가 물에 휩쓸려 운전자가 익사하는 일은 드물었습니다.

　요즘 여름의 거리는 도가니 속처럼 뜨겁고 그늘에 서 있어도 시원함을 느끼기 어려워요. 더위뿐만 아니라 폭우로 터널이 물에 짧은 시간 안에 잠기는가 하면 겨울에는 폭설과 이상 저온 현상으로 인도와 같이 더운 나라에서도 얼어 죽는 사람이 생겨나고 있어요. 평균 기온이 낮아지고 한파가 길어지기 때문이지요.

제가 살아가는 동안 이렇게 큰 기후 변화를 겪으리라고는 상상도 하지 못했습니다. 그런데 변화 속도는 점점 빨라지고 있어요. 이제 여러분은 앞으로 다가올 최악의 상황을 대비해서 인류가 살아남기 위한 대책을 세워야 합니다. 많은 대책 중에서도 가장 중요한 것이 무엇일까요?

그렇습니다. 바로 먹거리예요. 상상 이상으로 빨리 악화되는 지구 환경은 여러분이 주역인 시대에 지구를 떠나도록 등을 떠밀는지도 모릅니다. 그때 우리가 보금자리를 마련할 때까지 버티게 해 주는 힘은 식량을 확보하는 데서 찾을 수 있을 거예요.

학자 중에는 까마득한 옛날, 인류가 어느 행성에서 이곳으로 이주해 자리를 잡았다고 주장하는 사람도 있습니다. 어쩌면 많은 나라의 신화에서 공통으로 발견되는, 하늘에서 내려온 신들의 이야기는 나빠진 자연환경 때문에 지구로 이주한 인류 조상의 이야기일지도 모릅니다. 그것이 사실이든 아니든 이제는 지구를 떠나 우주에서 살아갈 상황까지 대비해야 하는 지경에 이르렀습니다.

저는 여러분이 미래 인류를 먹여 살릴 분야인 첨단 농업에 관심을 가지기를 바라면서 이 글을 썼습니다. 저와 함께 주인공이 가는 길을 따라가면서 미래에 관해 생각해 보았으면 좋겠습니다.

최정원

ⓒ 최정원·상상주아, 2024

초판 1쇄 인쇄일 2024년 7월 8일
초판 1쇄 발행일 2024년 7월 22일

지은이   최정원
그린이   상상주아
펴낸이   정은영
편집   장새롬 서효원 정사라
디자인   박정은
마케팅   최금순 이언영 연병선 최문실 윤선애
제작   홍동근

펴낸곳   (주)자음과모음
출판등록   2001년 11월 28일 제2001-000259호
주소   (10881) 경기도 파주시 회동길 325-20
전화   편집부 02) 324-2347 경영지원부 02) 325-6047
팩스   편집부 02) 324-2348 경영지원부 02) 2648-1311
E-mail   jamoteen@jamobook.com

ISBN   978-89-544-5087-4 74500
        978-89-544-4973-1 (세트)

잘못된 책은 구매처에서 교환해 드립니다.